BEI GRIN MACHT SICH IHR WISSEN BEZAHLT

AF141759

- Wir veröffentlichen Ihre Hausarbeit,
  Bachelor- und Masterarbeit

- Ihr eigenes eBook und Buch -
  weltweit in allen wichtigen Shops

- Verdienen Sie an jedem Verkauf

Jetzt bei www.GRIN.com hochladen und kostenlos publizieren

Sebastian Werfel

Die materiellen Formen des Sozialen: Das Fußballstadion

GRIN Verlag

Bibliografische Information der Deutschen Nationalbibliothek:

Die Deutsche Bibliothek verzeichnet diese Publikation in der Deutschen National-
bibliografie; detaillierte bibliografische Daten sind im Internet über http://dnb.d-
nb.de/ abrufbar.

Dieses Werk sowie alle darin enthaltenen einzelnen Beiträge und Abbildungen
sind urheberrechtlich geschützt. Jede Verwertung, die nicht ausdrücklich vom
Urheberrechtsschutz zugelassen ist, bedarf der vorherigen Zustimmung des Verla-
ges. Das gilt insbesondere für Vervielfältigungen, Bearbeitungen, Übersetzungen,
Mikroverfilmungen, Auswertungen durch Datenbanken und für die Einspeicherung
und Verarbeitung in elektronische Systeme. Alle Rechte, auch die des auszugsweisen
Nachdrucks, der fotomechanischen Wiedergabe (einschließlich Mikrokopie) sowie
der Auswertung durch Datenbanken oder ähnliche Einrichtungen, vorbehalten.

Impressum:

Copyright © 2009 GRIN Verlag GmbH
Druck und Bindung: Books on Demand GmbH, Norderstedt Germany
ISBN: 978-3-656-86385-4

Dieses Buch bei GRIN:

http://www.grin.com/de/e-book/286206/die-materiellen-formen-des-sozialen-das-
fussballstadion

GRIN - Your knowledge has value

Der GRIN Verlag publiziert seit 1998 wissenschaftliche Arbeiten von Studenten, Hochschullehrern und anderen Akademikern als eBook und gedrucktes Buch. Die Verlagswebsite www.grin.com ist die ideale Plattform zur Veröffentlichung von Hausarbeiten, Abschlussarbeiten, wissenschaftlichen Aufsätzen, Dissertationen und Fachbüchern.

Besuchen Sie uns im Internet:

http://www.grin.com/

http://www.facebook.com/grincom

http://www.twitter.com/grin_com

Hausarbeit über die Materiellen Formen des Sozialen:

Sozialen:

Das Fußballstadion

Inhaltsverzeichnis

1 Einleitung

Der Begriff Gesellschaft ist an sich eine fiktive Vorstellung der Individuen und somit nicht allgemein definierbar und auch nicht sichtbar. Er kann lediglich durch die detaillierte Beobachtung der einzelnen Mitglieder in der Gesellschaft und ihren Tätigkeiten im Raum erkannt und nachvollzogen werden. Dieser Aspekt ist ein sehr wichtiger Grund für das Verständnis einer sozialen Morphologie, denn nur durch die Wechselwirkung von Sozialem und Materiellen wird eine Gesellschaftsstruktur sichtbar gemacht, wie ich in dieser Hausarbeit nicht nur an Marcel Mauss Beispiel über die Eskimogesellschaften, sondern auch am Beispiel der Fußballstadions als Teil einer sportlichen Morphologie von Markus Schroer nachweisen werde. Die Architektur ist mehr als je zuvor ein wichtiger Bestandteil unserer Gesellschaft. Sie hilft uns Grenzen zu überschreiten in Form von Brücken, weite Wege effektiv und schnell zurückzulegen über Straßen und Eisenbahnschienen. Sie gibt uns einen Raum zum Leben und schafft durch übermittelte Vorstellungen Plätze, welche für jeden Menschen als eine Art Pilgerstätte und als heilig empfunden werden können. Auf der Suche nach einer Verwirklichung des eigenen Lebens könnte man sich durchaus an architektonischen Gegebenheiten orientieren, denn der Mensch kann nur gleichzeitig erfolgreich sein und einen positiven Lebenswillen besitzen, wenn ihm der umgebende Raum harmonisch gesonnen ist und die damit verbundenen Erinnerungen im Gedächtnis als positive Erkenntnisse abgespeichert werden. Die Stadtplanung schafft oft eine Untergliederung des Raumes in diverse Bezirke und unterschiedlich stark ausgebaute Strukturen. Die Verfügung über einen Internetanschluss, die Höhe der Stromkosten und die Reinheit des Wassers sind nur einige von vielen internen Untergliederungen und Differenzierungen der Stadt. Die Planung der Stadt muss deshalb eine Verdrängung bestimmter nicht erwünschter sozialer Schichten vorbeugen. Denn die Architektur kann durch räumliche Konstruktionen Grenzen definieren und diversen Bevölkerungsgruppen den Zugang zu bestimmten Orten erschweren oder verweigern. Besonders deutlich wird dies im Abschnitt 4.2, wo ich anhand des Wandels des Fußballpublikums die aktuelle uns stets begleitende soziale Ungleichheit nachweisen möchte. Die Architektur wird als moderne Form der Soziologie uns neue Erkenntnisse über unsere eigene Gesellschaft offenbaren.

2 Was versteht man unter sozialer Morphologie

2.1 Begriffserklärung

Die Grundvoraussetzung für das Verständnis der sozialen Morphologie ist die Tatsache, dass wir unter sozialer Morphologie nicht nur das Soziale wie Individuen, Interaktionen und Kommunikationen verstehen, sondern auch die eigentlichen Materiellen Dinge, welche sich in unser tägliches Leben eingeprägt haben. Wenn man die Tätigkeiten der einzelnen Mitglieder im Raum berücksichtigt, kann man sich von dem Begriff Gesellschaft eine Vorstellung verschaffen. Markus Schroer orientiert sich in seinem Text: „Die Materiellen Formen des Sozialen" vor allem an den Schülern von Emile Durkheim, nämlich Maurice Halbwachs und Marcel Mauss, um die soziale Morphologie anhand des Fußballstadions nachzuweisen. Die Morphologie definiert Marcel Mauss als materielles Substrat der Gesellschaft. Dieses Substrat vereint all jene Dinge, bei welchen das eigentliche Soziale eine erkennbare und handhabbare Gestalt annimmt. Zu diesen Dingen gehören nach Markus Schroer alle Eigenheiten, welche das kollektive Leben prägen: „Dazu zählen die Ausdehnung einer Gesellschaft, die Anzahl ihrer internen Gliederungen, die Größe, Dichte und Verteilung der Bevölkerung auf einem Territorium sowie die Dinge und Sachverhältnisse, die das kollektive Leben prägen" (Schroer 2009, s.S. 2). Durkheim rechnet zur eigentlichen sozialen Welt auch Dinge und Sachverhältnisse mit hinzu, obwohl dies nicht sehr üblich für die Soziologie ist. Artefakte, wie beispielsweise Wohnstätten, Werkzeuge, Verkehrsmittel und Kleidung, prägen sich nach Durkheims Perspektive in die gesellschaftliche Welt ein. Um die soziale Morphologie zu erörtern, muss man jedoch das eigentliche Soziale, wie auch das Materielle einzeln betrachten, denn das meist äußerliche Materielle wie zum Beispiel die Kleidung prägt sich auf das Individuum ein und kann somit auch dessen Verhaltensweise und Wirkung verändern. Überall handelt die Morphologie wie auch die Soziologie von kollektiven Repräsentationen, welche mehr oder weniger auf das Individuum einwirken. Ein gutes Beispiel für diesen Tatbestand lieferte Durkheim in seinen Studien über den Suizid: „Und überhaupt stimmt es nicht, daß die Gesellschaft nur aus Individuen besteht. Sie umfasst auch Materielles, das eine wesentliche Rolle im Gemeinschaftsleben spielt" (Schroer 2009, s.S. 3). Im Gegensatz dazu prägt sich jedoch auch die Gesellschaft in die materielle Welt ein. Gerade in der Stadt und Architektursoziologie kann menschliches Denken in architektonischem Stile ablaufen, sodass sich das Gehirn an Artefakten orientieren kann. Abschließend lässt sich festhalten, dass das Kollektiv stets vor dem Individuum existiert, weil der Einzelne mit den Hinterlassenschaften früherer Generationen konfrontiert wird.

2.2 Das Programm der sozialen Morphologie nach Halbwachs

Die Voraussetzung des Programms der sozialen Morphologie nach Halbwachs ist die Annahme, dass sich die Gesellschaft in den jeweiligen sie umschließenden Raum einbringt. Maurice Halbwachs untersuchte die soziale Morphologie anhand der religiösen, politischen und ökonomischen Morphologie. Die religiöse Morphologie beinhaltet ihm zu Folge das Phänomen, dass bedeutende Städte, Klöster und Heiligtümer auf das soziale Leben des Einzelnen einwirken und dessen Glaubensvorstellung bzw. Intensität beeinflussen können. Die politische Morphologie beinhaltet die Abhängigkeit des politischen Gemeinwesens von den räumlichen Gegebenheiten. Die Verteilung verschiedener ökonomischer Klassen auf unterschiedliche Quartiere innerhalb der Stadt ist nach Halbwachs kennzeichnend für die ökonomische Morphologie. Die sozialen Unterschiede machen sich anhand der architektonischen Struktur eines Viertels bemerkbar, sodass man Rückschlüsse auf ärmere bzw. wohlhabendere Viertel schließen kann. Diese deutliche Abgrenzung ist nach Halbwachs heute nicht mehr so stark erkennbar wie früher: „Klassen haben zumindest eine Neigung, sich im Raum voneinander abzugrenzen" (Schroer 2009, s.S. 6). Es steht nach den von Halbwachs untersuchten Formen der Mophologie zur Debatte, ob man auch von einer existierenden sportlichen Morphologie sprechen könnte. Die Formen des Sports werden u.a. in Turnhallen, Stadien und Golfanlagen praktiziert. Die jeweilige Sportart verschafft sich mit den dazugehörigen architektonischen Formen ihre eigene räumliche Repräsentation. Nach Halbwachs grundsätzlicher Annahme, dass sich Gesellschaft förmlich in den Raum einschreibt, ist dies die verallgemeinerte Begründung für eine Existenz der sportlichen Morphologie.

2.3 Marcel Mauss: Der Begriff der sozialen Morphologie anhand der Eskimogesellschaften

Der Begriff der sozialen Morphologie anhand der Forschungen von Marcel Mauss über die Eskimogesellschaften verdeutlicht den Zusammenhang zwischen den materiellen Formen einer Gesellschaft und ihren kollektiven Tätigkeiten sehr offensichtlich. Die Tätigkeiten der Eskimos, als auch die differenzierte soziale Organisation, obliegen dem jahreszeitlichen Wandel. Hierbei gilt es nicht die Besonderheiten der Eskimovölker aufzuzeigen, sondern Rückschlüsse von ihrem einzigartigen Lebenswandel auf die Allgemeinheit zu schließen. Mauss begründet dies mit den Worten: „..., dass die Beziehungen, auf die wir die Aufmerksamkeit lenken wollen, dort gleichsam vergrößert und übertrieben erscheinen und schärfer ausgeprägte Merkmale haben, so dass ihre Natur und ihre Tragweite besser begriffen werden kann." (Mauss 1978, s.S. 184). Die Möglichkeit einer Beobachtung der Lebensweise bezüglich der Eskimos ist nur zu bestimmten Zeiten an unterschiedlichen Lokalitäten möglich, wonach die eigentliche Morphologie der Eskimovölker gemessen an der Beobachtung zu unterschiedlichen jahreszeitlichen Gegebenheiten, einfach nicht dieselbe sein kann. Marcel Mauss erklärt anhand des Verhältnisses von Mensch und Natur, dass die jeweilige Beschaffung des Bodens, den Menschen veranlasst unter Berücksichtigung des jahreszeitlichen Wandels seinen Standort zu wechseln um sein Überleben zu gewährleisten: „...dass die Zusammensetzung des Bodens, sein mineralischer Reichtum, seine Fauna und seine Flora, ihre Organisation beeinflussen" (Mauss 1978, s. S.186). Ein enges Zusammenleben wird erst durch gleiche Normen und Wertvorstellungen möglich. Gerade moralische, rechtliche und religiöse Übereinstimmungen der Individuen innerhalb einer Gruppe sind für das konfrontationsfreie Funktionieren notwendig. Kleinere organisierte Gruppen, wie es die Eskimos in bestimmten Zeiträumen des Jahres sind, können es sich deshalb nicht leisten, Mitglieder durch Aussonderung bezüglich diverser Normabweichungen zu verlieren.

Um den jahreszeitlichen Wandel der Eskimos zu verstehen, muss man sich über das Ausmaß ihrer globalen Verbreitung bewusst werden. Wichtig ist die von Mauss festgestellte Tatsache, dass sich ihr Gebiet über annähernd 60 Längengrade und 22 Breitengrade erstreckt. Das bewohnte Gebiet der Eskimos bezieht sich hauptsächlich auf küstennahe Bereiche deshalb gibt es nach Marcel Mauss auch: „im allgemeinen nur sehr wenig Kommunikation" (Mauss 1978, s.S.195) zwischen den bewohnten Küstengebieten und dem Hinterland. Eskimos sind in sogenannten Siedlungen organisiert. Jede Siedlung besitzt einen eigenen Totenkult, eine religiöse Richtlinie, eine eigene Sprache und eine erstaunlich begrenzte Anzahl von Eigennamen, weil die Eskimos nach Mauss: „..., den Namen des letzten Toten den ersten Neugeborenen der Siedlung" (Maus 1978, s.S. 201) geben.

„Im Winter und Frühjahr offenes Wasser für die Jagd auf Robben oder vereistes Land; im Sommer Jagd- und Fischgründe im Süßwasser" (Mauss 1987, s.S. 208) sind nach Mauss die notwendigen Bedingungen für die Existenz der Eskimos. Im

Sinne der sozialen Morphologie kann die Bevölkerung innerhalb der Eskimosiedlung nicht wachsen, weil ein naturgebundenes Unglück geschehen kann und die lebenserhaltenden Ressourcen einfach wegfallen würden. Der Eskimo wird zum Beispiel durch die Eisschmelze dazu getrieben, den neuen Lagerplätzen der Robben und Walrössern zu folgen um sein Überleben zu sichern. Die Natur wirkt bezüglich der Eskimovölker nicht auf den Einzelnen ein, sondern auf die gesamte Gruppe. Eine Verdichtung und großräumige Ausdehnung der Eskimos wird durch diese Gegebenheiten verhindert. Der Einfluss von materiellen Gegebenheiten und die gesellschaftliche Konstruktion der Eskimovölker lässt sich anschaulich an einer tabellarischen Gegenüberstellung der sommerlichen und winterlichen Behausung, als auch Lebensweise und Organisation nachweisen.

Tabelle 1: Vergleich der Sommer- und Winterbehausungen der Eskimogesellschaft

	Sommer	Winter
Behausung und räumliche Ausdehnung	• Sommerzelt, bestehend aus einer einfachen Anordnung konischer Stangen, welche mit meistens mit Seehundefellen bedeckt sind • Zelte haben größere Abstände zueinander innerhalb der Siedlung	• Häuser und sogar Langhäuser, bestehen aus einem länglichen Eingang, Wandung besteht aus Stein, oft mit Fellen bedecktem Holz • Iglu ähnlich Langhaus aber jüngeren Ursprungs
Familiäre Organisation	• enge Beziehung zwischen Familie und Zelt → die Struktur des einen richtet sich nach der Struktur des anderen • jede Familie besitzt eine Lampe und eine Bank je Zelt • hermetische Abriegelung nach außen → die Familie ist im Zeltinnern vereint • keine Trennwände zwischen Familienmitgliedern und Gästen • Konstruktion und Transport des Zeltes ist der Familie überlassen	• mehrere Familien teilen sich ein Haus, jedes Abteil ist einer Familie zugeordnet • die Familienlampen werden im vorderen Bereich eines jeden Abteils aufgestellt • Vorratsbehälter außerhalb des Hauses • Trennwände innerhalb des Hauses grenzen Familien voneinander ab • gesonderte Bank an Vorderwand für nicht verheiratete Familienmitgliedern und Gäste

Die Tabelle veranschaulicht die eigentliche Doppelorganisation der Eskimos, sodass durch die Ursachen des jahreszeitlichen Wandels, Rückschlüsse auf die einzigartige soziale Lebensweise der Eskimos geschlossen werden können. Diese Organisation beruht nach Marcel Mauss auf traditionellen Wurzeln, weshalb die Eskimos nicht in der Lage sind, ihren jahreszeitlichen Wandel zu ändern. Das Soziale wird erkennbar an der stark voneinander abhängigen Organisation der Eskimos (siehe Tabelle 1, familiäre Organisation in Winterbehausungen). Dieser symbiotische Aspekt garantiert einen starken Zusammenhalt in der Gruppe. Der in der Biologie gebrauchte Begriff „geschlossener anonymer Verband" ist für die Eskimos sehr passend, da Sie ihre Gebrauchsgegenstände selbst herstellen, nicht abhängig von anderen Völkern leben und in Anbetracht der Anonymität nur wenige Informationen über die Lebensweise der Eskimos bekannt sind. Abschließend lässt sich festhalten, dass das soziale Phänomen der Eskimogesellschaften wegen naturell gebundenen Gegebenheiten entstanden ist. Die soziale Organisation der Eskimos im Kampf gegen die Kälte nimmt eine handhabbare Gestalt an und deshalb ist Sie sehr wichtig für die Erklärung und Erörterung der sozialen Morphologie.

3 Über die Soziologie der Architektur

3.1 Grundlegende Zusammenhänge

Gerade für die Soziologie ist es von größter Bedeutung die Mehrdeutigkeit des Begriffes Architektur zu erkennen. Sie kann die Gedanken einer Menschheit, einer Epoche und eines Volkes symbolisieren, als auch den Willen von Herrschern oder bestimmten sozialen Gruppen. Dazu zählen beispielsweise die zahlreichen Pyramiden von Ägypten und das Kolosseum von Rom. „Mit Hilfe der Architektur hat der Mensch in Raum und Zeit einen Halt gefunden" (Norbert-Schulz 1979:5) und verewigt sich im dreidimensionalen Raum.

Architektur hat auch sehr viel mit Mathematik und der damit verbunden Verkörperung von geometrischen Formen zu tun. Die Vorstellung von harmonischen Gebilden und perfektionierten Verhältnissen (goldener Schnitt) beschäftigten den Menschen seit jeher. In jeder geschichtlichen Epoche lassen sich typisierende architektonische Gestaltungen, als auch künstlerische Meisterleistungen vorfinden. Die Architektur ist somit ein wichtiges Erkennungsmerkmal zur Klassifizierung der verschiedenen Epochen. Bernhard Schäfers definiert das Aufgabenfeld einer Soziologie der Architektur wie folgt: „Architektursoziologie untersucht die Zusammenhänge von gebauter Umwelt und sozialem Handeln unter Berücksichtigung vorherrschender technischer, ökonomischer und politischer Voraussetzungen" (Schäfers 2003, s.S. 22). Weitere Untersuchungsfelder in der Architektursoziologie spiegeln sich nach

Schäfers in der Betrachtung des Berufes des Architekten wieder, in der Wichtigkeit architektonischer Symbolsysteme und den schicht- bzw. kulturspezifischen Raumnutzungen. Eine Spezialisierung der Architektursoziologie ist unter Berücksichtigung der oben genannten Fakten nicht möglich, sodass die Architektur ausschließlich in ihrer Komplexität analysiert und aufgeschlüsselt werden kann. Die Komplexität erstreckt sich über die Gebiete der Stadt- und Wohnungssoziologie, der Soziologie der Lebensgemeinschaften und Lebensstile, der Soziologie des Alters und der Freizeit sowie der Bevölkerungs- und Familiensoziologie.

3.2 *Kommunikationsmedium der Gesellschaft*

Die Architektur wird als ein Kommunikationsmedium der Gesellschaft anerkannt, wenn Sie die zentrale Rolle in der Soziologie einnimmt. Die besondere Wertschätzung und Begutachtung der Raum- und Stadtsoziologie ist die Vorraussetzung für eine zentrale Architektursoziologie. „Man erkennt, weshalb die gebaute Architektur der Gesellschaft konstitutiv ist für die Architektur der Gesellschaft" (Fischer APuZ 09, s.S.7). Charakteristisch für die Architektur ist die Unterscheidung zwischen einem Innen und einem Außen eines umschlossenen Raumes, wobei der bestehende Raum Öffnungen besitzt, welche jederzeit geschlossen werden können. Die bestehende Baukörpergrenze ist das entstandene Mittel von Nähe und Ferne. Niklas Luhmann definierte die Architektur als ein Kommunikationsmedium, wobei die Architektur einen festen Punkt im Raum einnimmt und die Verkehrsformen des Menschen bestimmt. Der Mensch passiert permanent existente Grenzen im Raum, ist jedoch selbst kein Wesen, welches festgesetzten räumlichen Grenzen unterliegt. „So wie die Kleider Leute machen, machen die Wände Baukörper- und formieren die hinein- und hinausschlüpfenden Personen" (Fischer APuZ 09, s.S. 7).*

Diese Wände definieren in der Architektur die Privatsphäre bzw. die Öffentlichkeit. Sie geben dem Menschen die Möglichkeit zwischen Eigenbereich und Fremdbereich zu unterscheiden. In einer fiktiven Vorstellung lassen sich uns bekannten Häusern dazu passende Gesichter zuordnen, weshalb die Gebäude als Kommunikationskörper angesehen werden können. Die Architektur ist nun im Begriff der sozialen Baukörper eine Form der Vergesellschaftung, sodass sich ein Satz von Simmel: „Die Grenze ist eine soziale Tatsache, die sich räumlich formt" (G. Simmel, Der Raum) mit dieser gewonnenen Erkenntnis begründen lässt. Unter der Berücksichtigung des Baumaterials, der Größenverhältnisse, des Standortes und der

Bauaufgabe findet erst ein sozialer Wandel statt bis sich der neue Baukörper in den Raum integriert hat und eine eigene erkennbare Raumgestalt formt. Es existiert beim Bau eines Gebäudes eine grundsätzliche soziale Wechselwirkung zwischen dem Bauherrn, dem Architekten und dem Nutzer. Der Architekt steht im Mittelpunkt, weil er nicht nur im Auftrag des Bauherrn arbeiten muss, sondern auch die Erwartungen der Nutzer berücksichtigen sollte. Es entsteht eine Triade, wobei der Architekt als eine Art Vermittler zwischen der Partei des Bauherren und der Nutzer agiert. Die Nutzererwartungen spalten sich in geschlechtsspezifische Unterschiede. Geschichtlich gesehen waren Frauen meistens keine Auftraggeber bzw. Bauherren, weshalb die Architekten im Sinne der Geschlechterrepräsentation immer auch für Frauen mitgeplant und mitgebaut haben. Dies erkennt man an diversen Baukörpern (Kirchen, Kaufhäuser, Theater, Passagen) und Baustilen, welche die Ethik und Ästhetik der Frauen demonstrieren. „Soziologisch entscheidend an dieser Figuration ist aber, dass der Architekt Erwartungen aus verschiedenen Richtungen genügen und mit den technischen Möglichkeiten, topographischen und klimatischen Bedingungen koordinieren muss: „die des Auftraggebers und die der heterogenen Nutzer" (Fischer APuZ 09, s.S. 9). Es ist nicht zu verleugnen, dass sich der Architekt als Vermittler in einer stetigen Position des Sündenbocks befindet, denn zu den Erwartungen der Nutzer und des Bauherrens kommen zusätzlich die Kooperationen mit weiteren Arbeitskräften wie Handwerkern, Statikern und Haustechnikern. Die subjektiven Vorstellungen dieser unterschiedlichen Persönlichkeiten können den Baukörper in einem falschen Licht erstrahlen lassen. Der Architekt soll objektiv und bestimmend handeln, obwohl der Bauherr und der Investor vielleicht keine kongruenten Vorstellungen über den geplanten Baukörper besitzen. Unter Berücksichtigung all dieser Gegebenheiten und falsifizierenden Möglichkeiten ist es nicht erfüllbar, dass der Architekt seine anfänglichen Vorstellungen über den Baukörper identisch in den dazugehörigen Raum übernehmen kann. Die Architekten schaffen mit ihren Konstruktionen einen Raum, welcher im Laufe der Zeit die einzigartige Gestalt einer Stadt formt. Wenn wir jetzt die Stadt betrachten können wir von einem sozialen System sprechen, wobei die Baukörper die geschaffenen Kommunikationsbedingungen an die Individuen herantragen. Für Joachim Fischer ist die Architektur: „der bauliche Hintergrund für das Verhalten der Akteure im öffentlichen Raum und für Interaktionen" (Fischer APuZ 09, s.S. 9). Es ist in diesem Zusammenhang sehr fraglich, was uns Baukörper als soziale Konstitutionen eigentlich ausdrücken sollen. Tod und Leben spielen eine sehr große Rolle, weil über die Gebäude ganze Generationen kommunizieren können und deshalb auch soziale Gleichheit beziehungsweise Ungleichheit sichtbar gemacht wird. Über die Baustile werden Machtverhältnisse kommuniziert und Teilsysteme der Gesellschaft voneinander differenziert. Zu diesen Teilsystemen zählen zum Beispiel die Spielsphäre, die Konsumssphäre wie auch die Produktionsspäre. Die Kommunikation zwischen mehreren Generationen erfolgt meist schon in unserem eigenen Haus. Hierbei wird die Architektur als Wohnort der Gegenwartsgesellschaft verstanden und eine Verbindung zu anderen Generationen wird über die Ahnen hergestellt wie auch über Gedanken möglicher zukünftiger Generationen, welche das jetzige Haus bewohnen könnten. Die Architektur der Moderne wird von Medien überschattet, welche den kommunikativen Blickpunkt von der Architektur lenken und profitable meist finanzielle Eigeninteressen verfolgen. Nichts desto Trotz ist die Architektur als Kommunikationsmedium für jeden einzelnen mehr als nur wichtig, weil sich durch Rekonstruktionen, Abrisse und Neukonstruktionen sich etwas im Kommunikationssystem verschiebt und sich vor allem das Verhältnis der Bewohner zueinander verändern kann.

3.3 Spiegel der Gesellschaft

Markante bauliche Projekte in Städten sind für Soziologinnen und Soziologen sehr wertvoll, weil diese zentrale Leitbilder, Entwicklungstendenzen als auch Werthaltungen verkörpern. Deshalb werden Architekturen auch als Spiegel der Gesellschaft bezeichnet. Ein einfaches Abbild der Gesellschaft sagt allein sehr wenig aus, erst im Zusammenspiel oder im Widerstreit mit anderen Vergesellschaftungsformen können soziale Beziehungen erkannt beziehungsweise widerhergestellt werden. In diesem Zusammenhang ist das Wohnen die bedeutenste Form der gesellschaftlichen Repräsentation, weil es den am häufigsten genutzten Aufenthaltsort der Menschen innerhalb ihres Lebens widerspiegelt. Norbert Elias interpretierte: „Wohnstrukturen als Anzeiger gesellschaftlicher Strukturen" (Frank APuZ, s.S. 17). Gerade in Kleinfamilien wird das Bild von einem voll erwerbstätigen Vorstand des Hauses und einer Vollzeit Hausfrau und Mutter laut dem typischen Lebensmodell dargestellt. Es erfolgt eine Abgrenzung von Reproduktionsräumen. Wenn man die Architekturen nun als ein Mittel anerkennt, welches den Mitgliedern einer Gesellschaft ihren spezifischen Ort und Lebensraum zuweist, dann muss man die Formen des Wohnens als „Emanzipationshindernis" für Frauen in Kleinfamilien anerkennen (Warhaftig 1985, Emanzipationshindernis Wohnung). Die diversen Wohnstrukturen spielen also eine große Rolle bei der Darstellung, der Wirkungsweise und der Verstärkung von Geschlechterbeziehungen. Sie sind deshalb ausserordentlich gut geeignet, die „gesellschaftsprägende Kraft von Architekturen" darzustellen (Delitz, Die Architektur der Gesellschaft). Die Geschlechtsforschung ist im Zusammenspiel mit den Architekturen ein sehr gutes Erkennungsmerkmal gesellschaftlicher Strukturen. Das Geschlecht wird in den Genderforschungen auch nicht mehr als ein Merkmal von Personen angesehen, sondern als ein Organisations- und Strukturprinzip der Gesellschaft. Zusammenfassend lässt sich festhalten, dass das Verhältnis von Architektur und Gender die Ursache für die Aneignung, Umgestaltung und gegebenenfalls auch Umdeutung baulicher Strukturen und damitverbundener konfliktreicher sozialer Prozesse ist. Die Geschlechterbilder etablieren sich über Mutmaßungen des Geschlechterwesens und der dazugehörigen Rollen. Die Geschlechter nehmen also aktiv an der Gestaltung der Umwelt teil und spiegeln die Gesellschaft beim Prozess des Wohnens wieder.

3.4 Beitrag von Maurice Halbwachs

Maurice Halbwachs vertritt die Meinung, dass alle Einrichtungen in unserem sozialen Leben auch materielle Formen besitzen. All diese Formen sind wiederum Gestaltungen im Raum, an welchen man Veränderungen, wie zum Beispiel Ausrichtungskorrekturen bzw. Vergrößerungen und Verkleinerungen erkennen kann. In seiner ökonomischen Morphologie beschreibt Halbwachs die Tatsache, dass sich Menschen permanent an Schlüsselstellen wie Kreuzungen begegnen und wahrnehmen. Aber trotzdem werden die einzelnen Teile der Stadt von unterschiedlichen Klassen bewohnt, sodass auch heute noch die Unterschiede im Raum erkennbar, jedoch nicht mehr sehr stark ausgeprägt sind wie früher. Die Gruppe, welche einen bestimmten Teil einer Stadt bewohnt, formt ihn nicht nur nach ihren eigenen Vorstellungen um, sondern hinterlässt auch Kennzeichen, die ihn zu einem einzigartigen Teil des Raumes werden lassen. Das menschliche Denken findet in Vorstellungen statt, welche ihm durch Kennzeichen der Teile der Stadt zufließen. Die materiellen Gegebenheiten bilden also einen Anker. Dieser gibt der Gesellschaft einen Halt und eine Gestalt. Der Grad gesellschaftlicher Veränderung wird an der Beständigkeit von Steinen und Dingen nicht sichtbar, sodass architektonische Gegebenheiten ein falsches Bild von einer sich ständig im Wandel befindlichen Gesellschaft erstellen. In diesem Zusammenhang können die Architekturen auch keinesfalls ein Spiegel der Gesellschaft sein, da Sie mit der Geschwindigkeit der sozialen Veränderungen nicht mithalten können. Der Zusammenhalt einer Gruppe wird nach Halbwachs erst dann zerstört, wenn das Gebäude nicht mehr existiert und die mit dem Gebäude verbundenen Erinnerungen von Menschen, mit deren Tod endgültig verloren gehen. Die Erinnerungen an einen Raum entstehen grundsätzlich durch gedankliche Verankerungen vergangener Erlebnisse mit diesen. Nach dem Abriss eines Gebäudes bewahren ausschließlich die abgespeicherten Bilder im kollektiven Gedächtnis der Menschen die Erinnerungen an einen Ort. Zum Schluss beschreibt Halbwachs die Wechselwirkung zwischen dem Raum und der sozialen Gruppe. Hierbei versucht sich die soziale Gruppe in den Raum einzuprägen, allerdings unterwirft Sie sich auch gleichzeitig dem Widerstand räumlicher Gegebenheiten. Halbwachs erklärt dies am Beispiel des Kloster. Die Mönche erwarten mit einer Umstellung von gemeinsamen Schlafplätzen auf separate Schlafzellen eine Regelveränderung. Sollten die Mönche folglich ein zurückgezogeneres Leben führen? Ein Umbau und eine damit verbundene räumliche Aufteilung des Klosters beeinflussen definitiv den Lebenswandel der Mönche, sodass eine Regelveränderung bewusst erzwungen, oder auch unterbewusst herbeigeführt werden kann. Nach der politischen, religiösen und ökonomischen Morphologie von Halbwachs, muss es auch nach Markus Schroer eine sportliche Morphologie geben, denn diese schreibt sich in den Raum in Form von Stadien, Turnhallen und Schwimmhallen ein, in welchen die jeweilige Sportart unter architektonischen Gesichtspunkt ausgeübt werden kann.

4 Das Fußballstadion als Teil einer Morphologie des Sports

4.1 Der Wandel der Stadionarchitektur

Markus Schroer möchte anhand des Wandels der Stadionarchitektur des Fußballstadions mögliche Veränderungen in unserer jetzigen Gesellschaft nachweisen. Der Begriff des Stadions kommt aus dem Griechischen und bezeichnete erst eine „Kampfstrecke" von 192,27 Meter Länge zwischen Start und Ziel. Diese Strecke entwickelte sich mit der Zeit zu einer ovalförmigen Bahn, welche später von Tribünen- und Dachkonstruktionen umschlossen wurde. Markant sind auch die Schiebedachkonstruktionen, welche die neueren Stadien seit den 1990er Jahren zieren. Zusammenfassend gesehen erfolgte ein Wandel von einer offenen zu einer geschlossen Stadionarchitektur. Die Stadien untereinander weisen eine Menge gleicher Elemente auf. Die WM Stadien von 2006 in Deutschland verfügen allesamt über VIP-Lounges, zahlreiche Kamerastandpunkte, teure Dachkonstruktionen, gewaltige Tribünen und überdimensionale Screens. Unterschiede existieren vor allem in der Anzahl und dem Verhältnis von Steh- und Sitzplätzen, sowie der Anzahl der VIP-Loungen und dem Image des jeweiligen Stadions, welches von der dazugehörigen Stadt mitgeprägt wird. Schroer argumentiert mit der „Arbeiterstadt Dortmund" und der „Schicki-Micki-Stadt München". Jedes Stadion besitzt drei verschiede Räume. Im Innenraum findet das sportliche Ereignis statt, der Zuschauerraum in Form einer Tribüne umschließt den Innenraum und als Umgebungsraum definiert man den angrenzenden Teil an das eigentliche Stadion. Diese Räume sind von Stadion zu Stadion verschieden verteilt und auch unterschiedlich stark hervorgehoben. Die Allianz Arena in München, schafft die Verknüpfung der geschlossenen Stadienform mit dem Umgebungsraum zusätzlich durch die wandlungsfähigen an der Außenseite des Stadions angebrachten Kunststoffkissen. Diese signalisieren durch unterschiedlich starke Farbgebung den aktuellen Zwischenstand im Stadion und überwinden die architektonische Grenze zwischen Außenleben und Innenleben. Das Fußballstadion hat sich in ein Mehrzweckstadion verwandelt, welches auf unterschiedliche Bedürfnisse zu jeder Zeit reagieren kann. An einem Tag findet ein Fußballspiel statt und an einem andern ein Opernevent, was vor allem durch die neueren transparenten und wandelbareren Baumaterialien ermöglicht wurde. Das Fußballspiel wird unter Einwirkung von Restaurants, Bars, Einkaufzentren und Fanartikel-Shops sehr schnell zum Nebenereignis, weshalb wir uns fragen müssen ob ein Wandel des Fußballpublikums statt fand und wie dieser gegebenenfalls ausgesehen haben könnte.

4.2 Der Wandel des Publikums

In modernen Fußballstadien werden keine Sitzplätze mehr geplant, das Verhältnis zwischen den Steh- und den Sitzplätzen hat sich also im Vergleich mit früheren Stadien genau vertauscht. Der Sinn hinter dieser großen Anzahl an Sitzplätzen ist sehr fraglich, einerseits sollen die Stadien durch diese Veränderung komfortabler und zugleich sicherer werden, andererseits wird ein immer exklusiverer Ort geschafften, welcher für den normalen Fußballfan immer schwerer zu erreichen ist. Es wird versucht die zahlungskräftige Bevölkerungsschicht in das Stadion zu locken, die bisher nicht zum klassischen Fußballpublikum zählte. Der neu entstandene Logen und VIP-Loungen-Bereich ist ebenso für einkommensstarke Menschen gedacht, die hinter verglasten Bereichen ihre Geschäfte abwickeln und gegebenenfalls ein Büffet genießen können. Das dadurch erwirtschaftete Geld wird allerdings auch dringend für die teuren Spieler und die Intakthaltung des modernen Stadions benötigt. Der Knackpunkt des neuen Publikums wird sehr gut an der Architektur sichtbar. Das Stadion wird in seinen Gängen und Winkeln so konstruiert, sodass der Unternehmer nicht in Kontakt mit den gemeinen Fan kommen kann und somit von vornherein einer möglichen Kommunikation aus dem Weg gegangen wird. Im Fußballstadion werden in diesem Zusammenhang Klassenunterschiede und voneinander distanzierte soziale Milieus sichtbar. Das Publikum unterscheidet sich zwischen einem passiven und einem aktiven Teil. Der passive Teil trägt nach Schroer nicht zur Atmosphäre bei, sondern berauscht sich an der Stimmung der gemeinen Fans. Der aktive Part unterstützt das eigentliche sportliche Ereignis im Stadioninnenraum durch Sprechchöre, Anfeuerungsrufe und Verfolgung der sportlichen Geschehnisse über die monströsen Screens. In den neueren Stadien erfolgt eine stärkere Segmentierung des Publikums durch unterschiedliche Tribünenabschnitte, wodurch neue soziale Unterschiede sichtbar gemacht werden. Denn gerade im modernen Fußballstadion kommt es anhand der dargestellten Kenntnisse von Markus Schroer zu einem stärkeren Aufeinandertreffen zwischen sozial sich stark voneinander unterscheidenden Gruppen. Genau dies ist der Grund dafür, dass man durch räumliche Differenzierungen versucht einem sozialen Crash zuvorzukommen.

4.3 Das Beispiel Signal-Iduna-Park

In Dortmund hat man sich für den Erhalt des Traditionsstadions „Rote Erde" entschieden, sodass es am gleichen Ort bestehen kann. Die Menschen haben die Möglichkeit ihre mit der Architektur verbundenen Erinnerungen zu bewahren. Der Abriss der Kampfbahn würde zwar deutlich auf einen zukünftigen Bruch mit der Vergangenheit, also auf einen Neubeginn setzen, jedoch würden die gesammelten Erinnerungen laut der Halbwachschen Theorie verloren gehen. Der „Signal-Iduna-Park", das ehemalige Westfalenstadion, wurde direkt neben dem Traditionsstadion „Rote Erde" errichtet. Man setzte auf den Erhalt der Tradition und zugleich auf einen deutlich zu erkennenden Neubeginn. Für viele Fußballfans sind die Stadien auch Orte öffentlicher Erinnerungen an Kindheitserlebnisse, bestimmte Lokalitäten oder Verbindungen zu geliebten Personen. Demzufolge muss bei einem geplanten Abriss eines Fußballstadions nicht die Architektur des Stadions überwunden, sondern der Widerstand der Menschen geprochen werden, welche sich mit den Steinblöcken und der damit verbundenen Tradition identifizieren können. Der Signal-Iduna-Park umfasst insgesamt 3450 Bewirtungsmöglichkeiten. Die Zuschauer können hautnah am Spielgeschehen teilnehmen, weil der Abstand zum Spielfeld nur 6 Meter beträgt. Schroers Erkenntnis über das Bollwerkförmige Antlitz des modernen Stadions lässt sich in Dortmund durch die 62 Meter hohen Stadionpylone und die steile Steigung der oberen Tribünen von bis zu 37 Grad nachweisen. Weiterhin sind im Stadion über 1000 Lautsprecher installiert, ein Screen beträgt 48 Quadratmeter und der Stromverbrauch beläuft sich über 3,5 MW. Es ist in diesem Zusammenhang kein Wunder, dass das Stadion über 3500 Business-Seats und 167 Logen verfügt, denn eine finanzielle Absicherung könnte ohne das Anlocken einer einkommensstarken Schicht nicht funktionieren. Die Südtribüne ist die größte Stehplatztribüne Europas mit insgesamt 25000 Stehplätzen, weshalb man behaupten kann, dass in Dortmund nicht nur ein Erhalt der Tradition geschaffen wurde, sondern auch für viele Fußballfans eine Nährungsgrundlage für neue sportliche Erinnerungen.

5 Kritische Würdigung

Aus jedem meiner Abschnitte innerhalb der Hausarbeit ging hervor, dass sich gesellschaftliche Strukturen anhand der Architektur nachweisen lassen und dem Raum eine ganz eigene Handschrift verpassen. Ein fester Steinkörper wird heute durch wandlungsfähige Materialien ersetzt, weshalb der Raum als solcher nicht mehr so dauerhaft erscheint, sondern vielmehr unsere hektische und unausgeglichene Gesellschaft widerspiegelt. Der bebaute Raum offenbart soziale Unterschiede, indem er Glanz und Elend gleichermaßen stark darstellt. Die Architektur verkörpert also ökonomische, soziale, kulturelle und geschlechterspezifische Eigenheiten, welche in der jeweiligen Epoche sichtbar werden. Geld spielt in der Architektur eine immense Rolle, weil es nicht nur die Art und Gestaltung eines Gebäudes beeinflussen kann, sondern auch die Verhaltensweise des Architekten, welcher auf die Bedürfnisse des Bauherren reagiert. Die Architektur erscheint uns als eine im Raum festgesetzte Machtdemonstration, indem Sie die aktuellen Konkurrenzkämpfe unserer Zeit widerspiegelt. Gerade das Beispiel der modernen Großstadt verdeutlicht dies sehr anschaulich. Die schönsten Wohnungen, die größten Einkaufsmeilen und die am besten bezahltesten Arbeitsplätze der Großstadt befinden sich in ihrem Zentrum. Es ist deshalb bei einem geplanten Umbau der Stadt akut von Nöten, das Zentrum für alle Bürger zugänglich zu handhaben und keine Grenzen zu ziehen, denn ansonsten mach die „Stadtluft" keineswegs mehr „frei". Das Problem des Klimawandels und der

Energieversorgung betrifft die Architektur sehr stark, weil Überlegungen in den Raum gestellt werden, welche eine effizientere Nutzung vorsehen. Der öffentliche Nahverkehr, neue Radwege und miteinander vernetzte Fußgängerpassagen werden mehr als je zuvor ein wichtiger Bestandteil der modernen Großstadt. Die Innenstadt bietet dem Menschen meist einen sehr kurzen Arbeitsweg, viele soziale Kontaktmöglichkeiten und Dienstleistungen ohne die wir unser Leben nicht gestalten könnten. Es muss in diesem Zusammenhang eine Unterscheidung der sozialen Morphologie zwischen der Stadt und dem Land geben, denn diese Zentrumskonzentration wie wir Sie in der Stadt vorfinden, existiert auf dem Land nicht. Eine Stadt mit mehreren Stadtkernen muss mit den unterschiedlichen architektonischen Konstruktionen der Zentren soziale Ungleichheiten besitzen. Die Architektur verankert die teils so bittere Realität.

Verzeichnis der Tabellen

Zu Tabelle1: Vergleich der Sommer- und Winterbehausung der Eskimogesellschaft

Lehrbücher, Monographien	Mauss, Marcel.1978.Soziologie und Anthropologie Band 1.München:Carl Hanser Verlag

Literaturverzeichnis

Lehrbücher, Monographien	Schroer, Markus: Materielle Formen des Sozialen. Die Architektur der Gesellschaft aus der Perspektive der sozialen Morphologie am Beispiel des Fussballstadions (Delitz/Fischer: Architektur der Gesellschaft, 2009)
	Mauss, Marcel.1978.Soziologie und Anthropologie Band 1.München:Carl Hanser Verlag
	Schäfers, Bernhard.2003.Architektursoziologie/Grundlagen-Epochen-Themen.Karlsruhe:Leske+Budrich
Artikel in Zeitschriften	Fischer, Joachim 2009. „Architektur als Kommunikationsmedium der Gesellschaft".Aus Politik und Zeitgeschichte 25/09: 6-10
	Frank, Susanne 2009. „Architekturen: Mehr als ein „Spiegel der Gesellschaft"".Aus Politik und Zeitgeschichte 25/09: 16-21